BEI GRIN MACHT SICH IHR WISSEN BEZAHLT

AF153961

- Wir veröffentlichen Ihre Hausarbeit, Bachelor- und Masterarbeit

- Ihr eigenes eBook und Buch - weltweit in allen wichtigen Shops

- Verdienen Sie an jedem Verkauf

Jetzt bei www.GRIN.com hochladen und kostenlos publizieren

GRIN

Sozial kognitive Theorie nach Bandura, Gesundheitsförderung durch Modelllernen und Modelllernen als didaktisches Konzept

Lerntheorien

Bibliografische Information der Deutschen Nationalbibliothek:

Die Deutsche Nationalbibliothek verzeichnet diese Publikation in der Deutschen Nationalbibliografie; detaillierte bibliografische Daten sind im Internet über http://dnb.d-nb.de abrufbar.

ISBN: 9783346927545
Dieses Buch ist auch als E-Book erhältlich.

Einsendeaufgaben

Aufgabennummer:
Alternative A

SRH Fernhochschule

Modul:
Kognition und Lernen

Studiengang:
Psychologie M.Sc.

Inhaltsverzeichnis

1. Die Sozial-kognitive Theorie nach Bandura

1.1. Definition

Es gibt zahlreiche Vorstellungen darüber, wie der Vorgang des Lernens abläuft. Eine der bekanntesten Ansichten ist die Sozial-kognitive Theorie von Bandura und dem National Institut of Mental Health (1986). Diese Theorie ist auch unter dem Namen des Modelllernens bekannt, da der Lernende als Beobachter und der Lehrende als Modell bezeichnet wird. Das Modelllernen nach Bandura ist das Verändern oder Neulernen von Verhaltensweisen eines Menschen durch das Wahrnehmen von Verhaltensweisen eines Modells und deren Verhaltenskonsequenzen. Hierbei wird von verschiedenen Effekten des sozialen Lernens ausgegangen (Madsen, 1988; Petermann, Maercker & Stangier, 2011):

Zum einen kann es zu einem *Auslöseeffekt* kommen. Hierbei spielt soziale Erleichterung und Gruppenzwang eine Rolle dabei bereits bzw. soeben gelerntes Verhalten auszulösen. Aus dem Zeigen der Verhaltensweisen ergeben sich in diesem Fall zumeist keine besonderen Konsequenzen.

Zum anderen gibt es *Hemmungs-* und *Enthemmungseffekte*. Diese beziehen sich ebenfalls auf bereits bekannte Verhaltensweisen. Werden bei einem Modell positive Konsequenzen infolge des gezeigten Verhaltens beobachtet, so sinkt die Hemmschwelle, dieses Verhalten ebenfalls zu zeigen. Werden jedoch negative Konsequenzen beobachtet, so steigt die Hemmschwelle bzw. sinkt die Bereitschaft das jeweils beobachtete Verhalten gleichermaßen auszuführen.

Am bekanntesten ist der *Lerneffekt,* welcher auch als modellierender Effekt bezeichnet wird, bei dem neue, bisher unbekannte Verhaltensweisen erlernt werden. Letzteres muss nicht lediglich eine einfache Kopie des Modellverhaltens sein. Hierbei kann das Gesehene auch neu kombiniert und organisiert werden, um in anderen adäquaten Situationen abgerufen zu werden.

Diese Annahmen entwickelten sich aus dem Menschenbild, das von Bandura angenommen wurde. Diesem zufolge verfügen Menschen über die folgenden fünf *„capabilities“*, welche ein Lernen am Modell erst ermöglichen (Bandura & National Inst of Mental Health 1986; Bandura, 1999): Das Vermögen zu symbolisieren, vorauszudenken, stellvertretende Erfahrungen zu machen, sich selbst zu regulieren und über sich selbst nachzudenken. Das Vermögen, stellvertretende Erfahrungen zu machen, bezieht sich darauf, aus der Beobachtung des Verhaltens einer anderen Person, dem sogenannten Modell, lernen zu können. Somit kann der Beobachtende neue und komplexe Verhaltensdispositionen erwerben. Im Folgenden wird das Konzept des

Modelllernens nach Bandura (1979) erörtert, das er in zwei Phasen mit jeweils zwei Subprozessen unterteilt: Zuerst erfolgt die Aneignungsphase bestehend aus Aufmerksamkeits- und Gedächtnisprozessen. Darauf folgt die Ausführungsphase mit motorischen Reproduktionsprozessen und Verstärkungs- sowie Motivationsprozessen.

1.2. Aneignungsphase

1.2.1.Aufmerksamkeitsprozesse

Die alleinige Darbietung eines Modells, ist zwar keine Garantie dafür, dass der Beobachtende das dargebotene Verhalten überhaupt wahrnimmt, wenn jedoch wichtige Merkmale des Modellverhaltens nicht beachtet werden, kann dieses Verhalten auch nicht erlernt werden. Daher spielen Aufmerksamkeitsprozesse eine entscheidende Rolle beim Modelllernen. Die Aufmerksamkeit des Beobachtenden wird durch die Merkmale des Modells und des Beobachtenden selbst, deren Beziehung und die situativen Bedingungen beeinflusst. In verschiedenen Untersuchungen (Rakoczy, Warneken & Tomasello ,2009; Schmidt, Rakoczy & Tomasello, 2010; Zimbardo & Gerrig, 1999) konnten folgende Faktoren bestätigt werden, die die Aufmerksamkeit des Beobachtenden auf das Modellverhalten lenken und somit das Lernen am Modell begünstigen.

Die Aufmerksamkeit des Beobachtenden ist abhängig von den *Merkmalen des Modells*. Hierbei spielt insbesondere sozialer Status und soziale Macht eine entscheidende Rolle. Personen mit einem höheren sozialen Status als der Beobachtende werden eher nachgeahmt als Personen mit gleichem oder niedrigerem Status. Zudem ruft das Verhalten von Personen mit hoher Machtposition eher Aufmerksamkeit hervor als das von sozial, beruflich und intellektuell niedriger eingestuften Personen. Grund dafür ist, dass bei mächtigen Personen automatisch davon ausgegangen wird, dass deren Verhaltensweisen einen höheren Nützlichkeitswert und eine höhere Wirksamkeit haben und somit erfolgsversprechender sind. Außerdem werden Personen bevorzugt, die aus Sicht des Beobachtenden attraktiv, sympathisch oder ihm bzw. ihr auf gewisser Weise ähnlich sind.

Die *Merkmale des Beobachtenden* sind ebenso entscheidend. So fördern beispielsweise geringes Selbstvertrauen sowie geringe Selbstachtung generell die Orientierung an einem Modell. Die Auswahl eines Modells wird zudem von den Erfahrungen, Vorlieben, Interessen, Gefühlen, der Stimmung oder Wertvorstellungen eines Beobachtenden beeinflusst.

Der Prozess des Modelllernens wird auch durch die *Beziehung von Modell und Beobachtenden* geprägt. Umso intensiver und positiver die emotionale Beziehung zwischen beiden ist, desto höher ist die Wahrscheinlichkeit der Verhaltensnachahmung. Zudem ist es förderlich, Teil der gleichen sozialen Gruppe zu sein und sich mit dem Modell identifizieren zu können.

Zuletzt beeinflussen die *situativen Bedingungen* die Aufmerksamkeitsprozesse. Die Wahrnehmung von Modellen ist immer in soziale Situationen eingebunden. Welches und ob ein Modell ausgewählt wird, ist somit von der Prägnanz des gezeigten Verhaltens abhängig, also ob es sich klar vor dem Hintergrund konkurrierender Modelle abhebt. Vermutet der Beobachtende außerdem einen Erfolg des Verhaltens, dann steigt das Interesse. Es kommt zudem zu einer stellvertretenden Verstärkung, wenn der Beobachtende die positiven Konsequenzen am Modell nach Ausführung des Verhaltens sieht.

1.2.2. Gedächtnisprozesse

Nachdem dem Modell und seinem Verhalten Aufmerksamkeit gewidmet wurde, muss das wahrgenommene Verhalten behalten werden, um auch später und bei Abwesenheit des Modells abgerufen und anschließend ausgeführt werden zu können. Ein weiterer essentieller Prozess nach Bandura (1979), der zum Modelllernen gehört, bezieht sich somit auf das Arbeitsgedächtnis sowie das Langzeitgedächtnis für Verhaltensweisen:

Sobald das Modell nicht mehr als Anhaltspunkt dient, müssen die Reaktionsmuster in leicht erinnerbare Schemata umgeformt, klassifiziert und organisiert werden. Dieser Vorgang wird als Kodierung bezeichnet und sorgt dafür, dass das Modellverhalten bei Bedarf schnell und problemlos abgerufen werden kann (Scheiter, 2019). Dies zeigt den kognitionstheoretischen Anteil der sozial-kognitiven Theorie Banduras. Das Verhalten kann hierbei auf zweierlei Art repräsentiert werden. Es ist möglich das Verhalten in Form von Bildern oder in beschreibenden verbalen Symbolen für eine spätere Aktualisierung oder Ausführung abzuspeichern. Die Speicherstärke kann durch inneres Wiederholen oder Ausführen verbessert werden. Nicht nur die symbolische, sondern auch die motorische Nachbildung des Modellverhaltens unterstützt das Speichern von Informationen. Zu Beginn des Lernprozesses oder bei räumlich-zeitlich-strukturierten Bewegungen ist das imaginable oder visuelle Gedächtnis dem verbalen Gedächtnis vorrangig.

1.3. Ausführungsphase

1.3.1. motorische Reproduktionsprozesse

Als dritter Modellierungsschritt folgt laut Bandura (1979) die verhaltensmäßige Ausführung des Gelernten: Das modellierte Verhaltensmuster besteht dabei aus den jeweiligen einzelnen Reaktionen, die in bestimmter Reihenfolge vom Lernenden gezeigt werden müssen. Das Ausmaß der korrekten Reproduktion hängt davon ab, ob der Lernende die notwendigen motorischen Teilfähigkeiten und -fertigkeiten besitzt. Ist dies nicht der Fall, müssen die erforderlichen Fertigkeiten durch Übung und weitere Beobachtung verbessert werden. Manche Fertigkeiten können jedoch niemals, noch nicht oder nicht mehr erlernt werden, wenn die nötigen körperlichen Bedingungen nicht erfüllt werden, z.b. durch mangelnde Körpergröße, Krankheiten oder Behinderungen.

1.3.2. Verstärkungs- und Motivationsprozesse

Ein Verhalten wird jedoch letztlich nur vom Lernenden ausgeführt, wenn es für diesen sinnvoll erscheint. Damit ist die Ausführung abhängig von den Erwartungen des Lernenden bezüglich des Modellverhaltens. Diese Erwartungen können sich je nach Person, Situation und Rahmenbedingungen unterscheiden. Zuletzt folgen somit Verstärkungs- und Motivationsprozesse, in denen es hauptsächlich um Verhaltens-konsequenzen geht (Scheele, 2006; Bandura, 1979):

Hier kommt erneut der theorie-integrative Ansatz der sozial-kognitiven Theorie Banduras zum Tragen. Ähnlich dem operanten Konditionieren nach Skinner (1938) geht auch Bandura von kognitiven Verhaltensverstärkern aus, die den Motivationsprozess beeinflussen. Diese Verstärker wirken nur, wenn dem Lernenden bewusst ist, welches Verhalten verstärkt wird. Dabei unterscheidet Bandura zwischen drei Formen der Verstärkung. Bei stellvertretender Verstärkung wird das beobachtete Modell belohnt oder bestraft. Bei der direkt externen Verstärkung wird der Lernende selbst durch seine Umwelt belohnt oder bestraft. Erfolgt eine Belohnung oder Bestrafung des Lernenden durch sich selbst, wird dies Selbstverstärkung genannt. Der Lernende kann somit seinen eigenen Lernprozess zumindest partiell selbst steuern. Die Wirksamkeit auf die Handlungsausführung steigt von der stellvertretenden über die direkt externe bis zur Selbstverstärkung an. Im Konfliktfall würde direkt externe Verstärkung also die stellvertretende Verstärkung außer Kraft setzen. Laut Scheele (2006) besitzt

Selbstverstärkung die größte Effektivität für die Verhaltens-Performanz, wodurch noch einmal der Einfluss des Kognitivismus in Banduras Theorie gezeigt wird. Diese Verstärker regulieren jedoch nicht nur das Ausführen von Verhaltensweisen, sondern auch das Ausmaß an Aufmerksamkeit, die den verschiedenen Modellen gewidmet wird (siehe Kapitel 1.2.1.). Zudem erhöhen vom Lernenden als positiv wahrgenommene Verstärker die Motivation zur Kodierung und inneren Wiederholung modellierter Reaktionen und fördern damit die selektive Merkfähigkeit.

1.4. Selbstwirksamkeitserwartung

Das Konzept der Selbstwirksamkeitserwartung beruht auf der sozial-kognitiven Theorie Banduras und wurde zu einem der zentralen Begriffe dieser Theorie. Nach Schwarzer und Jerusalem (2002) ist Selbstwirksamkeitserwartung eine Kompetenzerwartung: Sie beschreibt die allgemeine Überzeugung, eine Situation durch bestimmte Handlungen bewältigen zu können. Die Selbstwirksamkeitserwartung kann verbessert werden, indem ein großes Endziel in kleinere Teilziele unterteilt wird, wodurch es vermehrt zu Erfolgserlebnissen kommt sowie dem Gefühl von Kontrolle über die Situation (Müsseler & Rieger, 2017). Nach Bandura (1997) gehen Menschen mit hoher Selbstwirksamkeitserwartung eher und ausdauernder schwierige Aufgaben an als Personen mit geringer Selbstwirksamkeitserwartung, weshalb sich diese letztlich auch indirekt auf die Leistung auswirkt. Laut Schwarzer und Jerusalem (2002) ist die Selbstwirksamkeitserwartung sowohl in der Aneignungs- als auch in der Ausführungsphase entscheidend, da es trotz vorhandener Fähigkeiten und Fertigkeiten zu einem Scheitern des Bewältigungsversuches kommen kann, wenn erhebliche Zweifel an der eigenen Selbstwirksamkeitserwartung bestehen. Als Ursache dafür kann der Einfluss der dieser auf die Wahrnehmung, Motivation und Leistung eines Menschen gesehen werden.

2. Untersuchungen zur sozial-kognitiven Theorie

2.1. Bobo-Doll Studie von 1963

Die im Folgenden behandelte Studie ist Element aus einer Serie von Experimenten Albert Banduras und Kollegen, die in ihrer Gesamtheit Bobo-Doll-Studien genannt werden (Bandura, Ross & Ross, 1961; Bandura, Ross & Ross, 1963; Bandura, 1965). Das anschließend dargestellte Experiment wurde von Bandura, Ross und Ross (1963) durchgeführt.

2.1.1. Untersuchungskontext

Die Stichprobe bestand aus 48 Jungen und 48 Mädchen aus dem Kindergarten der Stanford Universität. Der Altersdurchschnitt lag bei 52 Monaten mit einer Spannweite von 35 bis 69 Monaten. Jeweils 24 Kindergartenkinder wurden einer von vier Gruppen zugeteilt, bestehend aus drei Experimentalgruppen und einer Kontrollgruppe.

Die ersten beiden Experimentalgruppen hatten menschliche Modelle, je ein weibliches und ein männliches Modell. Die Kinder wurden dabei so verteilt, dass die eine Hälfte ein gleichgeschlechtliches Modell zu ihrem eigenen Geschlecht betrachtete und die andere Hälfte ein andersgeschlechtliches Modell. Bei allen Gruppen war die Versuchsleiterin eine Frau, welche die Kinder jeweils in die Räume führte. Jeder Experimentalgruppe wurde eine andere Variation gezeigt, wie ein Modell eine lebensgroße mit Luft gefüllte Puppe, der sogenannten Bobo-Doll, gegenüber aggressives Verhalten zeigt. Dieses wurde von den Modellen in einer immer gleichen Sequenz insgesamt drei Mal wiederholt. Es wurde angenommen, dass die Verhaltensweisen des Modells in dieser Art und Weise weitestgehend neu und unbekannt für die Kinder waren. In der ersten Gruppe sahen die Kinder eine reale Person, die vor ihren Augen die Bobo-Doll misshandelte. Hierbei wurde jedes Kind einzeln in einen Raum mit Spielsachen geführt, in dem sich das jeweilige Modell befand. Gruppe zwei bekam das gleiche Szenario als Videofilm präsentiert. Der dritten Gruppe wurde ein Ausschnitt aus einem selbstgedrehten Zeichentrickfilm gezeigt mit einer als schwarzen Katze verkleideten Person, die mit katzenartigen Bewegungen die gleichen aggressiven Handlungen wie die vorigen Modelle vollführte. Gruppe vier diente als Kontrollgruppe. Ihr wurde neutrales Interaktionsverhalten mit der Puppe und kein aggressives Verhalten präsentiert.

Nach der Präsentation der Interaktionssequenzen wurden die Kinder innerhalb ihrer Gruppen in einen Vorraum gebracht, in dem sich attraktive Spielsachen befanden. Nachdem die Kinder zu spielen begonnen hatten, wurden diese Spielsachen ihnen wieder weggenommen und aus dem Raum entfernt. Somit wurde zur Erhöhung der Auftretenswahrscheinlichkeit des aggressiven Verhaltens eine Frustrationssituation geschaffen. Die Gruppe wurde dann in den eigentlichen Experimentalraum geführt, indem sich ebenfalls Spielsachen befanden. Die dort angebotenen Spielzeuge verleiteten entweder zu einem überwiegend nicht-aggressiven Spielverhalten, wie ein Teeservice, Buntstifte, Papier, Spielzeugtiere und kleine Autos, oder zu einem eher aggressiven Spielverhalten, wie die Bobo-Doll, ein Hammer, Dartpistolen und ein von der Decke hängender Schnurball mit Gesicht. Die Beobachtungsphase dauerte insgesamt 20 Minuten.

2.1.2. zentrale Ergebnisse

Die Teilnehmenden der Experimentalgruppen zeigten gegenüber der Bobo-Doll beinah doppelt so viele aggressive Handlungen wie die Kinder der Kontrollgruppe. Bei den Kindern der ersten beiden Gruppen wurden ähnliche Handlungen in vergleichbarem Ausmaß der Aggressivität beobachtet, wie von dem Modell zuvor gezeigt wurde. Bei den drei Experimentalgruppen gab es keine gravierenden Unterschiede hinsichtlich Art und Weise der Verrichtung des aggressiven Verhaltens. Bezüglich der Effektivität wurde indes festgestellt, dass die menschlichen Modelle im Film bezüglich aggressiven Verhaltens die größte Wirkung hatten.

Es konnten verschiedene Effekte des sozialen Lernens nach Banduras sozial-kognitiver Theorie (Madsen, 1988; Petermann, Maercker & Stangier, 2011) gefunden werden. Die Ergebnisse dieses Experiments zeigen, dass das Präsentieren von Modellen, die sich aggressiv verhalten, folgende Auswirkungen auf die Beobachtenden hat: Zum einen konnte in den Experimentalgruppen ein Lerneffekt festgestellt werden, da bis dato unbekannte aggressive Verhaltensweisen erlernt wurden. Hauptsächlich wurden hierbei das gesehene Angriffsverhalten sowie die feindseligen Ausdrücke vermittelt. Kinder aus der Kontrollgruppe zeigten diese Verhaltensweisen nicht. Zum anderen konnte festgestellt werden, dass eine Person, die in einem Film erheblich aggressives Verhalten ausübt, dieses ähnlich gut vermittelt, wie ein direkt beobachtbarer Mensch, der dieses Verhalten unmittelbar und leibhaftig zeigt. Ein nicht menschliches Modell, wie hier die Zeichentrickfigur, ist folglich weniger geeignet, für imitative Aggressionen. Sie konnte aber ebenso wie die anderen Modelle der Experimentalgruppen einen enthemmenden Effekt bewirken. Die beobachteten Modelle reduzierten die Hemmungen der Kinder, ebenfalls aggressive Verhaltensweisen auszuführen, die sie früher gelernt hatten, vom Modell jedoch nicht gezeigt wurden. Diese aggressiven Verhaltensweisen bezogen sich nicht nur auf die Bobo-Doll, sondern auch auf andere Spielzeuge. Auch verbal wurden Aggressionen zum Ausdruck gebracht, die das Modell zuvor nicht geäußert hatte.

Zuletzt sei der Einfluss des Geschlechts von Modell und Kind zu erwähnen. Jungen hatten eine stark signifikant höhere totale Aggression als Mädchen. Das Geschlecht des Modells hatte ebenfalls einen Einfluss auf das gezeigte Verhalten, jedoch in geringerem Ausmaß und nur auf einzelne Verhaltensweisen. Beispielsweise wurde das Pistolenspiel besonders aggressiv gezeigt, wenn das Geschlecht von Modell und Kind übereinstimmten.

2.2. Bobo-Doll Studie von 1965

Die als nächstes erwähnte Studie ist das dritte Element aus der zuvor erwähnten Studien-Serie Albert Banduras und Kollegen (Bandura, Ross & Ross, 1961; Bandura, Ross & Ross, 1963; Bandura, 1965). Diese Untersuchung von Bandura (1965) wird auch als Rocky-Experiment bezeichnet.

2.2.1. Untersuchungskontext

In diesem Experiment bestand die Stichprobe erneut aus Kindern des Kindergartens der Stanford Universität. Der Altersdurchschnitt lag hier bei 51 Monaten mit einer Spannweite von 42 bis 71 Monaten. Die insgesamt 66 Kinder wurden randomisiert auf drei Versuchsgruppen verteilt. Jede Gruppe bestand aus genau 11 Jungen und 11 Mädchen. Die Modelle waren stets erwachsene Männer, die Versuchsleiterin eine erwachsene Frau.

Jedes Kind wurde einzeln von der Versuchsleiterin in einen abgedunkelten Raum geführt, indem es sich einen etwa fünfminütigen Film ansehen sollte. Als Darbietungsform wurde ein Fernseher ausgewählt, da angenommen wurde, dass Fernsehreize bei Kindern sehr stark mit Aufmerksamkeitsprozessen gekoppelt sind und somit eine gute Voraussetzung für das Modelllernen geschaffen werden konnte. Der Film begann in allen Gruppen gleich: Das Modell namens Rocky ging auf eine lebensgroße Puppe, die Bobo-Doll, zu und forderte diese auf, aus dem Wege zu gehen. Rocky wartete ab und brachte anschließend der Puppe vier verschiedene aggressive Verhaltensweisen entgegen, die jeweils von einer speziellen Verbalisierung begleitet wurden. Diese stellten in ihrer Kombination von physischem und verbalem Aggressions-äußerungen für die Kinder neuartige Verhaltensweisen dar. Diese aggressiven Verhaltensweisen und Verbalisierungen wurden insgesamt zweimal wiederholt. Am Ende unterschieden sich die Filme darin, wie das Verhalten des Modells sanktioniert wurde. Gruppe eins konnte sehen, wie Rocky für sein Verhalten mit Süßigkeiten, Getränken, Lob und Anerkennung belohnt wurde. Gruppe zwei sah, wie er mittels Schlägen, Drohungen und einer Standpauke bestraft wurde. Die dritte Gruppe fungierte als Kontrollgruppe, da hier keine Konsequenzen auf Rockys Verhalten folgten.

Anschließend wurden die Kinder in den Experimentalraum gebracht, der verschiedene Spielzeuge inklusive der Bobo-Doll enthielt. Mit diesen konnten sie sowohl Nachahmungsreaktionen als auch nicht-imitative Verhaltensweisen zeigen. Nach der ersten zehnminütigen Beobachtungssequenz bot die Versuchsleiterin zur Enthemmung von Verhaltensweisen und Ansporn eine Belohnung in Form von Fruchtsaft und Klebebildern an. Dabei wurde jedem Kind explizit erklärt, dass es für jede Nachahmungstat und -Verbalisierung von Rocky eine Belohnung erhält. Es folgte eine zweite Beobachtungsphase.

2.2.2. zentrale Ergebnisse

In der ersten Beobachtungssequenz zeigte sich, dass die Art der Verhaltenskonsequenzen des Modells Einfluss auf die Häufigkeit des gezeigten aggressiven Verhaltens der Kinder hatte. In der Gruppe, in der das Modell bestraft wurde, zeigten die Kinder weniger imitatives Verhalten, als in den anderen beiden Gruppen. Zwischen den Gruppen mit Belohnung des Modells und ohne Konsequenzen war kein signifikanter Unterschied festzustellen. Sobald jedoch eine Belohnung für imitatives Verhalten angeboten wurde, zeigten die Kinder aller drei Gruppen die aggressiven Verhaltensweisen des Modells in ähnlichem Ausmaß. Diese Ergebnisse untermauern die Annahme, dass das Modellverhalten in der Aneignungsphase durchaus erlernt wird, die Motivations- und Verstärkungsprozesse in der Ausführungsphase jedoch entscheidend sind, ob das Gelernte auch gezeigt wird. Ein Geschlechtseffekt war ebenfalls zu erkennen, da die männlichen Kinder generell wesentlich häufiger imitatives aggressives Verhalten zeigten als die Mädchen. Die Mädchen sprachen zwar stärker auf die Belohnung an als die Jungen, reichten dabei trotzdem nicht an das Ausmaß aggressiven Verhaltens dieser heran.

Die gesamte Studienreihe der Bobo-Doll-Experimente lässt sich als maßgeblich für die Erklärung von Modellierungseffekten in kontrollierten Laborsituationen beim Erwerb und Enthemmen von aggressivem Verhalten bezeichnen. Es sei aber zu beachten, dass Laborbedingungen kein natürliches Modelllernen im Alltag widerspiegeln.

2.3. Gesundheitsförderung durch Modelllernen

Um Modelllernen nicht ausschließlich in einer sterilen Laborsituation zu betrachten, wurde zuletzt eine Studie zur Gesundheitsförderung von Grundschulkindern ausgewählt. Diese war Teil der Dissertation von Martin Rumpf (2013).

2.3.1. Untersuchungskontext

Ziel dieser Studie war es, die Wirkung der sogenannten Mini-Offensive zu untersuchen und Einflussgrößen auf Motivationsprozesse beim Modelllernen in einer Feldstudie zu testen. Die Mini-Offensive ist eine Interventionsmaßnahme, die Grundschulkindern durch Modelllernen Spaß am Sport vermitteln und sie dazu anregen soll, Sport außerhalb der Schule in ihre Freizeit zu integrieren.

Insgesamt 105 Kinder (55 Jungs, 50 Mädchen) von der 3. bis zur 4. Klasse im Alter von 7 bis 10 Jahren nahmen an der Untersuchung teil. Die Mini-Offensive bestand aus einer 90-minütigen Basketball-Körperübung einer lokalen Basketballorganisation. Die Kinder wurden randomisiert vier Gruppen mit unterschiedlichen Modellen sowie einer optionalen Belohnung zugeteilt. Das Modell der ersten zwei Gruppen war ein Basketballprofi, der den beobachtenden Kindern unähnlich sein sollte. Das zweite Modell war ein Jugendspieler, der den Schülerinnen und Schüler in Alter und Größe ähnlicher war. Zur Untersuchung der Verstärkungs- und Motivationsprozesse der Ausführungsphase des Modelllernens wurde bei je einer Gruppe pro Modell eine Belohnung eingeführt. Diese bestand aus einem Spielbesuch des jeweiligen Modells, bei dem die Kinder den Spieler erneut beobachten konnten sowie die Wertschätzung und Unterstützung, die er durch die Zuschauer erfährt. Die Schülerinnen und Schüler durchliefen in jeder Gruppe einen Sporttest und beantworteten einen Fragebogen vor der Intervention sowie sechs Wochen danach. Der Sporttest bestand aus Koordinations- und Konditionsübungen, welche exemplarisch aus insgesamt sechs Übungen des gut etablierten Münchner Fitnesstests (Bös, 2001) ausgewählt wurden. Diese Übungen wurden mit Hilfe einer alters- und geschlechtsnormierten Tabelle ausgewertet. Der von Rumpf (2013) selbsterstellte Fragebogen hatte es zum Ziel, die Einstellung der Kinder zum Sport festzustellen. Mit insgesamt 12 Fragen wurde u.a. erfasst, wie Sport im Alltag der Kinder sowie innerhalb der Familie verankert ist, warum sie Sport treiben bzw. warum nicht und wie sie Sport medial konsumieren. Zusätzlich wurde das Alter, Geschlecht und die Klassenstufe angegeben. Durch die Vorher-Nachher-Messung sollten die Lernunterschiede zwischen den Gruppen ermittelt werden. Bei den belohnten Gruppen wurden die Nachuntersuchungen im Anschluss an das Basketballspiel durchgeführt, bei den nicht belohnten im Sportunterricht.

2.3.2. zentrale Ergebnisse

Unabhängig von der Gruppenzuteilung konnte bei allen Kindern eine Verbesserung bei den Sporttests festgestellt werden. Bei dem ähnlichen Vorbild ließ sich eine größere Verbesserung nachweisen. Entgegen der Vermutung laut sozial-kognitiver Theorie Banduras zeigte sich kein Einfluss durch die Belohnung. Nach Auswertung der Fragebögen konnte ebenfalls keine signifikante Veränderung der Einstellung zum Sport erkannt werden. Jedoch war festzustellen, dass Jungen nach der Intervention eine wesentlich positivere Einstellung aufwiesen als die Mädchen, was auf das ebenfalls männliche Geschlecht der Modelle zurückgeführt wurde. Die bewiesene Leistungssteigerung in den Sporttests belegte somit die Wirksamkeit der Mini-Offensive. Die Annahmen des Modellernens werden zumindest teilweise durch die Effekte der Modellähnlichkeit untermauert. Als Erklärung für den fehlenden Belohnungseffekt wurde vermutet, dass die Belohnung eher unpassend für Kinder war und zeitlich zu weit von der Unterrichtseinheit entfernt dargeboten wurde.

3. Modelllernen als didaktisches Konzept

Im Folgenden soll Modelllernen als praktisches Konzept im Bereich der Didaktik vorgestellt werden, bei dem Lehrende und Lernende in spezifischer Weise in das Unterrichtsgeschehen involviert werden sollen.

3.1. Vorteile von Modellvideos

Insbesondere im Mathematikunterricht ist es üblich, dass die Lehrkraft den Schülerinnen und Schülern eine Aufgabe an der Tafel vorrechnet, um ihnen den Lösungsweg schrittweise vorzuführen. Die Lehrkräfte werden hierbei zum Modell für ihre Schüler und Schülerinnen. Auch andere Lehrgebieten, wie der Deutschunterricht, könnten von dieser Lern- und Lehrmethode profitieren, beispielsweise indem die Lehrenden zeigen, wie sie selbst eine Schreibaufgabe lösen und dabei durch didaktisch motiviertes „Lautes Denken" Einblicke in ihr metakognitives Wissen und in dessen Aktivierung bei der Aufgabenlösung geben. Die Endlösung einer Schreibaufgabe lässt sich jedoch bezüglich Übersichtlichkeit, Platz und Leserlichkeit nur schlecht auf eine Tafel oder ein Whiteboard bringen.

Ein beispielhaftes Projekt, indem die Effektivität von Lernen am Modell mittels Modellvideos gezeigt wurde, ist das AaMoL-Projekt, welches Kompetenzen für das vorwissenschaftliche Schreiben bereits im Unterricht der zweiten Sekundarstufe fördern will (https://aamol.univie.ac.at/). Dieses Forschungsprojekt wird im Rahmen des Förderprogramms Sparkling Science durchgeführt und vom Bundesministerium für Bildung, Wissenschaft und Forschung Österreichs gefördert. Da Informationsverarbeitung multimodal erfolgt, sollten Lernprozesse sowohl den verbalen als auch den visuellen Kanal aktivieren (Raedts, van Steendam, de Grez, Hendrickx & Masui, 2017), was sich durch Videoaufnahmen praktisch gut umsetzen lässt. Weitere Vorteile von Modellvideos zeigen sich in ihrer flexiblen Nutzungsmöglichkeit. Diese können beliebig oft vervielfältigt werden, sodass allen Schülern und Schülerinnen der Zugriff ermöglicht wird. Die Lernenden können somit das Lernvideo mehrfach, in verschiedenen Schnelligkeiten abspielen und je nach Bedarf dies auch orts- und zeitunabhängig ansehen. Auch für Lehrende bietet es Vorteile, da das Video letztlich über einen längeren Zeitraum in verschiedenen Unterrichtssituationen genutzt werden kann, wodurch sich der Aufwand der Videoproduktion relativiert. Des Weiteren liegt das Videopotential auch im exakt definierbarem Inhalt. Bewusstes Modellverhalten verlangt Lehrpersonen durchaus viel ab, da diese als Vorbild der Schüler und Schülerinnen dienen. Das Modellieren an sich benötigt ein stark kontrolliertes Verhalten und ist somit auch eine kognitiv anstrengende Tätigkeit, weshalb es neben viel Übung auch Planung und Konzentration benötigt (Feilke, Lehnen, Schüler & Steinseifer, 2016; Phillip, 2015). Zudem kann das Aufnehmen eines Videos vom Lehrkörper zur Übung und Selbstevaluation der ersten Modellierversuche genutzt werden sowie zum Einholen von Feedback durch Kollegen und Kolleginnen. Im AaMoL-Projekt wurde dieses reflektierende Vorgehen von den Lehrenden als äußerst hilfreich und entlastend empfunden (Reitbrecht, 2021). Besonders praktisch ist die Trennung von visuellen und verbalen Aspekten. Dies entlastet nicht nur die Lehrperson bei der Aufnahme des Videos, sondern ermöglicht auch eine Optimierung der einzelnen Sequenzen. Daher sollte zuerst ohne Ton aufgezeichnet werden, wie beispielsweise die Lehrperson eine spezifische Aufgabenstellung löst. Im Anschluss soll der Lehrende seinen Schreibprozess synchron zu der Aufnahme mit angemessener Sprechweise und Taktung retrospektiv kommentieren. Diese spezielle Art des Modellierens ist somit als didaktisch motivierte, geplante Lehrhandlung zu verstehen und besteht aus multimodalem Erklären (Klein, 2009).

3.2. Vorbereitung und Erstellung eines Modellvideos

Zentrale Bezugspunkte für die folgenden Ausführungen stellen die Arbeiten von Philipp (2015), Ness und Kenny (2016) sowie Dawidowicz und Reitbrecht (2018) dar.

Bevor das Video an sich entsteht, sollte die ausgewählte Schreibaufgabe von dem Lehrenden selbst gelöst werden, damit Herausforderungen des Lösungsprozesses überhaupt erkannt werden können. Während dieses Prozesses sollte es zu einer Bewusstwerdung des eigenen Vorgehens, der relevanten Teilschritte und somit zu einer Festlegung und Konkretisierung der inhaltlichen Schwerpunkte kommen. Des Weiteren muss entschieden werden, welche Phasen des Schreibprozesses ausführlich und welche zeitlich gerafft dargestellt werden sollen, also welche Inhalte relevanter für das Verständnis sind als andere. Zudem muss ein angemessener Umfang eingehalten werden, sodass es zu keiner Überlastung der Konzentrationsspanne der Lernenden kommt. Wird das AaMoL-Projekt als Paradebeispiel angesehen, so sollte die Gesamtdauer eines Videos fünfundzwanzig Minuten nicht überschreiten. Die Videos sowie die Schreibaufgabe sind als Open Educational Resource unter https://www.univie.ac.at/aamol/projektaktivitaeten/ abrufbar.

Zur guten Vorbereitung und Strukturierung des Videos dient ein Drehbuch. Dieses sollte Regieanweisungen an den Lehrenden enthalten, in denen die Struktur des Videos klar ersichtlich wird. Dies kann zum Beispiel in Form einer Planungstabelle ausdifferenziert werden, die aus folgenden Spalten besteht: dem *Ziel*, z.B. Begrüßung, Einführung zur Aufgabe, Strukturierung oder Begründung; dem *visuellen Teil*, also was im Video gezeigt werden soll und der *Kommentierung*, also dem Text, der dazu gesprochen werden soll. Dabei muss stets die für jeden Schritt benötigte Zeit im Blick behalten werden.

Wie bereits erwähnt, sollte sowohl der auditive als auch der visuelle Kanal eingebunden werden, um ein möglichst erfolgversprechendes Lernerlebnis zu gestalten. Bei der Planung müssen die Kommentierungen somit passend zu dem visuellem Material ausgewählt werden. Im AaMoL-Projekt galt folgendes Leitprinzip für die Planung des visuellen Kanals: Mittels Textfolien wurden grundsätzliche oder theoretische Informationen vermittelt. Bildschirmfotos des Materials, Textzeilen oder der tatsächliche Schreibprozess an sich vermittelten praktische Informationen. Außerdem muss bedacht werden, wann und in welcher Form die Schülerinnen und Schüler das im Modellierprozess verfasste Endergebnis sichten sollen. Im AaMoL-Projekt wurden die Texte am Ende der Modellvideos erneut gezeigt. Zusätzlich könnten diese auch in ausgedruckter Form an die Lernenden weitergegeben werden.

Für die Kommentierung des Videos können im Vorweg vollständige Ausformulierungen bis hin zu Stichpunkten und freier Rede gewählt werden. Ein stärker ausformulierter Kommentar sollte jedoch bevorzugt werden, weil dadurch sichergestellt werden kann, dass bei der Videoaufnahme nichts vergessen wird. Trotzdem ist es empfehlenswert, sich an einer Sprechweise ähnlich wie beim mündlichen Präsentieren zu orientieren, da somit die visuellen Aspekte besser mit den auditiven ineinandergreifen und die Informationsverarbeitung sowie das Nachvollziehen der Überlegungen und Metakognitionen des Lehrenden unterstützen. Dabei muss sichergestellt werden, dass die Lernenden sich nicht durch eine zu hohe Dichte an Informationen in der Modelllernsituation überfordert fühlen.

Anhand der AaMoL-Modellvideos können verschiedene Richtlinien identifiziert werden, mithilfe derer die Effektivität des Modelllernens im Video gesteigert werden kann. Für die später selbstständige Anwendung des angeeigneten Wissens ist es hilfreich, die schrittweisen Lernziele konkret zu benennen, um diese für die Lernenden bewusst zu machen und den Aufmerksamkeitsfokus zu erhöhen. Des Weiteren muss darauf geachtet werden, dass modelliert und nicht lediglich instruiert wird. Dies kann durch das Sprechen aus der Ich-Perspektive bewirkt werden. Durch Ich-Aussagen werden nicht wie beim Instruieren Anweisungen erteilt (Wirtz, 2021), sondern wird dargelegt, wie der Lehrende selbst die Aufgabe erfolgreich gemeistert hat. Nur erfolgreiches Verhalten wird als nützlich empfunden und erhält Aufmerksamkeit. Neben den visuellen Stimuli des Modelllernens wird das Lernen außerdem durch das

Preisgeben der Überlegungen, Begründungen und Entscheidungen des Lehrenden unterstützt. Um das Gesehene generealisieren und auch bei anderen Aufgaben anwenden zu können, ist es hilfreich für den Lernenden zusätzlich verstehen zu können, warum und nicht nur wie gehandelt wurde.

3.3. Günstige Lernbedingungen schaffen

Die sozial-kognitive Lerntheorie Banduras (1979) kann auch als Grundlage genutzt werden, um generell im Deutschunterricht gute Lernbedingungen zu schaffen. Zuerst muss die Aneignung der Lerninhalte und somit die Aufmerksamkeitserhöhung sichergestellt werden. Watzka, Hoyer, Ertl und Girwidz (2021) führten eine Studie zur Wirkung visueller und auditiver Hinweise auf die visuelle Aufmerksamkeit und Lernergebnisse beim Einsatz physikalischer Lernvideos durch. Sie konnten diesbezüglich feststellen, dass Verglichen mit Textfeldern und Spotlights gesprochene Hinweise zu einer höheren visuellen Aufmerksamkeit und zu besseren Lernergebnissen führten. Beispielsweise kann ebenfalls ein verbaler Hinweis, dass die Schülerinnen und Schüler in dem folgenden Video etwas Neues erfahren werden, diesbezüglich helfen, da Unbekanntes zumeist interessanter wirkt als Bekanntes. Dieses Empfinden kann zusätzlich durch eine Änderung der üblichen Lernumgebung verstärkt werden. Indem der Inhalt des Videos als prüfungsrelevant angekündigt wird, kann ebenso der Bedarf nach Handlungsorientierung der Lernenden erhöht werden. Auch Faktoren des Lehrenden spielen für die Aufmerksamkeitssteuerung eine Rolle. So sollte dieser möglichst als sympathisch wahrgenommen werden sowie Autorität und Respekt vermitteln, um als attraktives Modell zu erscheinen. Zudem muss das Vorwissen der Lernenden Berücksichtigung finden. Ist dieses zu gering für die Anforderungen der Aufgabenstellung, so wird das Modellverhaltens als zu schwierig angesehen, um es nachbilden zu können. Die Lerninhalte sollten folglich ein mittleres Komplexitätsniveau besitzen. Sind diese zu einfach, wird die Aufmerksamkeit möglicherweise abdriften. Sind sie zu schwer, reicht die Aufmerksamkeitsspanne eventuell nicht aus, um alles Notwendige zu erfassen.

Im Folgenden gilt es die Gedächtnisprozesse der Schülerinnen und Schüler anzuregen, also optimale Bedingungen für den Aufbau mentaler Repräsentationen sowie den Abruf des Gelernten herzustellen. So ist eine elaborierte Verarbeitung der Lerninhalte besonders wichtig. Dazu müssen die Lerninhalte mit bestehenden Wissensbeständen des Lernenden vernetzt werden. Auch bietet es sich an, die Lerninhalte in unterschiedlichen Kontexten und Perspektiven darzubieten. Dadurch wird beispielsweise der Effekt der Enkodierungsspezifität vermieden und im Gegensatz dazu wird die Chance erhöht, das Gelernte in verschiedenen Situationen abrufen zu können. Die Gedächtnisleistung kann gesteigert werden, wenn beispielsweise nach Aufforderung durch das Modell die Beobachtenden das gesehene Verhalten selbstständig sprachlich kodieren und somit wiederholend zusammenfassen (Bandura, Grusec & Menlove, 1966).

Zuletzt spielen Verstärkungs- und Motivationsprozesse bei der Etablierung von Gedächtnisspuren und der Ausführung gelernter Verhaltensweisen eine große Rolle. Hohe Motivation wird durch das Erzeugen persönlicher Relevanz oder auch emotionaler Faktoren, wie Spaß und Freude beim Lernen erreicht. Um die Schülerinnen und Schüler dazu zu bringen, das Gelernte anzuwenden, muss das Ergebnis relevant sein oder mit Verstärkungserwartungen assoziiert werden. Das heißt, dass der Lerninhalt in einem kommenden Test oder einer Hausaufgabe Anwendung finden muss und die Auftretenswahrscheinlichkeit des gelernten Verhaltens durch ein Lob oder eine gute Note erhöht werden sollte.

Schließlich ist es Aufgabe der Lehrkraft die Lerninhalte unter diesen günstigen Lernbedingungen an die Fähigkeiten ihrer Schüler und Schülerinnen anzupassen, d. h. die Lernenden sollten prinzipiell psychisch und physisch in der Lage sein, die Schreibaufgabe auch selbst ausführen zu können (Secord & Backman, 1997, S. 589). Dafür ist u.a. eine gewisse Selbstwirksamkeitsüberzeugung von Nöten. Diese kann ebenfalls durch die Lehrkraft gefördert werden, indem an eine erfolgreiche Lernerfahrungen aus der Vergangenheit erinnert bzw. gelobt wird und den Lernenden versichert wird, dass sie in der Lage sein werden, die anstehenden Aufgaben zu bewältigen.

Literaturverzeichnis

Bandura, A. (1965). Influence of models' reinforcement contingencies on the acquisition of imitative responses. *Journal of Personality and Social Psychology, 1* (6), 589–595. https://doi.org/10.1037/h0022070

Bandura, A. (1979). *Aggression: Eine sozial-lerntheoretische Analyse.* Stuttgart: Klett-Cotta.

Bandura, A. (1997). *Self-efficacy: The exercise of control.* New York: Freeman.

Bandura, A. (1999). Social cognitive theory of personality. In L. A. Pervin & O. P. John (Eds.), *Handbook of personality: Theory and research* (S. 154–196). Guilford Press.

Bandura, A., Grusec, J. E. & Menlove, F. L. (1966). Observational learning as a function of symbolization and incentive set. *Child Development, 37* (3), 499-506. https://doi.org/10.2307/1126674

Bandura, A. & National Inst of Mental Health. (1986). *Social foundations of thought and action: A social cognitive theory.* Prentice-Hall, Inc.

Bandura, A., Ross, D. & Ross, S. A. (1961). Transmission of aggressions through imitation of aggressive models.*The Journal of Abnormal and Social Psychology, 63,* 575-582. https://doi.org/10.1037/h0045925

Bandura, A., Ross, D. & Ross, S. A. (1963). Imitation of film-mediated aggressive models. *The Journal of Abnormal and Social Psychology, 66,* 3–11. http://dx.doi.org/10.1037/h0048687

Bandura, A. & Walters, R. H. (1959). *Adolescent aggression.* New York: Ronald Press.

Bös, K. (2001). Testkurzdarstellung Auswahltest für den Sportförderunterricht ATS/Münchner Fitnesstest MFT. In *Handbuch Motorische Tests. Sportmotorische Tests, motorische Funktionstests, Fragebogen zur körperlich-sportlichen Aktivität und sportpsychologische Diagnoseverfahren* (2., vollständig überarbeitete und erweiterte Aufl.), 126-128. Göttingen: Hogrefe.

Dawidowicz, M. & Reitbrecht, S. (2018). *Handreichung für das Erstellen von Modellvideos für das vorwissenschaftliche Schreiben.* Retrieved from https://aamol.univie.ac.at/wp-content/uploads/2018/12/Dawidowicz_Reitbrecht-2018-AaMoL-Projekt-Erstellung-von-Modellvideos-Version-August-2018.pdf

Feilke, H., Lehnen, K., Schüler, L. & Steinseifer, M. (2016). Didaktik eristischer Literalität. In C. Bräuer & M. Brinkschulte (Hrsg.), *Akademisches Schreiben – Lehren und Lernen* (S. 145-73) Duisburg: Universitätsverlag Rhein-Ruhr.

Klein, J. (2009). Erklären-Was, Erklären-Wie, Erklären-Warum. Typologie und Komplexität zentraler Akte der Welterschließung. In R. Vogt (Hrsg.), *Erklären.*

Gesprächsanalytische und fachdidaktische Perspektiven (S. 25-36). Tübingen: Stauffenburg Verlag.

Madsen, K. B. (1988). *A history of psychology in metascientific perspective.* Amsterdam: North-Holland.

Müsseler, J. & Rieger, M. (Hrsg.). (2017). *Allgemeine Psychologie.* (3. Aufl., S. 242). Berlin, Heidelberg: Springer-Verlag.

Ness, M. & Kenny, M. (2016). Improving the quality of think-alouds. *The Reading Teacher, 89* (4), 453-60.

Petermann, F., Maercker, A., Lutz, W. & Stangier, U. (2011). *Klinische Psychologie – Grundlagen (Bachelorstudium Psychologie).* Göttingen: Hogrefe.

Philipp, M. (2015). *Lesestrategien. Bedeutung, Formen und Vermittlung.* Weinheim: Beltz Juventa.

Raedts, M., van Steendam, E., de Grez, L., Hendrickx, J. & Masui, C. (2017). The effects of different types of video modelling on undergraduate students' motivation and learning in an academic writing course. *Journal of Writing Research, 8* (3), 399-435.

Rakoczy, H., Warneken, F. & Tomasello, M. (2009). Young children's selective learning of rule games from reliable and unreliable models. *Cognitive Development, 24,* 61–69.

Reitbrecht, S. (2021): Schreibdidaktische Modellvideos: Lehrer*innen schreiben für ihre Schüler*innen. In K. Staubach (Hrsg.), *Multimodale Kommunikation in den Hypermedien und Deutschunterricht. Theoretische, empirische und unterrichtspraktische Zugänge.* Baltmannsweiler: Schneider Verlag Hohengehren, 303-326.

Rumpf, M. (2013). *Gesundheitsförderung durch Modelllernen in der Grundschule* (Dissertation, Universität Ulm). Open-Access-Repositorium der Universität Ulm und der Technischen Hochschule Ulm. https://doi.org/10.18725/OPARU-2984

Scheele, B. (2006). Beobachtungslernen. In J. Funke & P. A. Frensch (Hrsg.), *Handbuch der Allgemeinen Psychologie – Kognition* (S. 239–246). Göttingen: Hogrefe

Scheiter, K. (2019). Cognitive Theory of Multimedia Learning (CTML). In M. A. Wirtz (Hrsg.), *Dorsch Lexikon der Psychologie.* Bern: Hogrefe. Verfügbar unter: https://dorsch.hogrefe.com/stichwort/cognitive-theory-of-multimedia-learning-ctml

Schmidt, M.F.H., Rakoczy, H. & Tomasello, M. (2010). Young children attribute normativity to novel actions without pedagogy or normative language. *Developmental Science, 46,* 1–10.

Schwarzer, R., & Jerusalem, M. (2002). Das Konzept der Selbstwirksamkeit. In M. Jerusalem & D. Hopf (Hrsg.), *Selbstwirksamkeit und Motivationsprozesse in Bildungsinstitutionen* (S. 28–53). Weinheim: Beltz. (Zeitschrift für Pädagogik, Beiheft; *44*)

Secord, P.F. & Backman, C.W. (1997). *Sozialpsychologie.* Frankfurt a. M.: Klotz.

Skinner, B. F. (1938). *The behavior of organisms: an experimental analysis.* Appleton-Century

Watzka, B., Hoyer, C., Ertl, B. & Girwidz, R. (2021). Wirkung visueller und auditiver Hinweise auf die visuelle Aufmerksamkeit und Lernergebnisse beim Einsatz physikalischer Lernvideos. *Unterrichtswiss, 49,* 627–652. https://doi.org/10.1007/s42010-021-00118-7

Wirtz, M. A. (Hrsg.). (2021). Instruktion. In *Dorsch Lexikon der Psychologie.* Bern: Hogrefe. Verfügbar unter: https://dorsch.hogrefe.com/stichwort/instruktion

Zimbardo, P. G. & Gerrig, R. J. (1999). *Psychologie* (S. 233). Berlin, Heidelberg: Springer.